BEI GRIN MACHT SICH IHR WISSEN BEZAHLT

- Wir veröffentlichen Ihre Hausarbeit,
  Bachelor- und Masterarbeit

- Ihr eigenes eBook und Buch -
  weltweit in allen wichtigen Shops

- Verdienen Sie an jedem Verkauf

Jetzt bei www.GRIN.com hochladen und kostenlos publizieren

Wolfdieter Hötzendorfer

Eine neue Ökonomie zur Lösung der Krise

Paradigmenwechsel

GRIN Verlag

Bibliografische Information der Deutschen Nationalbibliothek:

Die Deutsche Bibliothek verzeichnet diese Publikation in der Deutschen National-
bibliografie; detaillierte bibliografische Daten sind im Internet über http://dnb.d-
nb.de/ abrufbar.

Impressum:

Copyright © 2011 GRIN Verlag GmbH
Druck und Bindung: Books on Demand GmbH, Norderstedt Germany
ISBN: 978-3-656-03303-5

Dieses Buch bei GRIN:

http://www.grin.com/de/e-book/180472/eine-neue-oekonomie-zur-loesung-der-
krise

GRIN - Your knowledge has value

Der GRIN Verlag publiziert seit 1998 wissenschaftliche Arbeiten von Studenten, Hochschullehrern und anderen Akademikern als eBook und gedrucktes Buch. Die Verlagswebsite www.grin.com ist die ideale Plattform zur Veröffentlichung von Hausarbeiten, Abschlussarbeiten, wissenschaftlichen Aufsätzen, Dissertationen und Fachbüchern.

Besuchen Sie uns im Internet:

http://www.grin.com/

http://www.facebook.com/grincom

http://www.twitter.com/grin_com

DIE NEUE ÖKONOMIE ZUR ÜBERWINDUNG DER KRISE

von

Wolfdieter Hötzendorfer

Leitfaden für eine nachhaltige Wirtschaft

Alle die Wirtschaft betreffenden Gesetze legen fest, welche Austauschprozesse an der Wertschöpfung regelmäßig teilnehmen.   Alle austauschbaren Werte stellen in irgendeiner Form eine Leistung dar, die getauscht werden kann.   Ein Teil dieser die Wirtschaft betreffenden Gesetze sind der Natur des Handelns innewohnend, die so genannten Marktgesetze, die aus dem natürlichen Bedürfnis der Marktteilnehmer hervorgehen, bestimmte Leistungen zu tauschen.   Diese fundamentale Marktebene wird durch staatliche Gesetze reguliert, für die es mehrere Gründe gibt.

Zum einen nimmt die jeweilige staatliche Institution durch die Erhebung von Steuern am Austausch teil, um ihre gesellschaftlichen Aufgaben zu erfüllen.   Im Gegenzug kontrolliert sie die Marktteilnehmer darauf, ob sie sich untereinander an die Gesetze halten.   Der Staat definiert zu diesem Zweck den allgemeinen Konsens, wie gehandelt werden soll als Gesetze und richtet zu deren Durchsetzung Gerichte ein.

Da sich die Verhältnisse, unter denen gehandelt werden kann, im Laufe der Geschichte immer wieder verändern, müssen auch die Gesetzbücher von Zeit zu Zeit geändert werden.   Die letzte große Veränderung dieser Art, fand im Zeitalter der beginnenden Industrialisierung statt, in Deutschland also unter der Ägide von Bismarck. Alle wesentlichen Gesetzbücher stammen aus dieser Epoche.   Sie lösten die alten vorindustriellen Gesetze ab.   Viele dieser neuen Gesetze betrafen direkt oder indirekt die Wirtschaft. Tatsächlich war ja auch die explosiv wachsende Produktivität der Motor für die Veränderung dieser Gesetze.   Der Einsatz von Dampfkraft, Elektrizität, Chemie, Stahl und neuartiger Baustoffe führte zum größten Wirtschaftsboom aller Zeiten.

Beschauliche Biedermeierstädtchen wuchsen zu gigantischen Gründerzeitmetropolen, wie Berlin, Barcelona, New York und so fort. In dieser Zeit herrschte eine rege Nachfrage nach allem, was die Industrie herstellten konnte. Der Markt war praktisch ungesättigt. Man brauchte Wohnungen, Geräte, Stoffe, Maschinen, Schiffe, Züge und etliches mehr, von dem es zuvor nichts oder zu wenig gab. Dazu hatte fast jeder Mann Arbeit. Es herrschte somit eine kontinuierliche Nachfrage. Von einer Inflation oder einer Überproduktion war man weit entfernt. Hatte man ein neues Produkt, so konnte man es millionenfach verkaufen. Das Zeitalter der Industrialisierung und der Erfindungen zeichnete sich ökonomisch gesehen dadurch aus, dass es möglich geworden war, neue Artikel auf den Markt zu bringen und gefragte Produkte maschinell in viel größerer Zahl herzustellen, als dies in den vorindustriellen Manufakturen möglich war.

Bei der Formulierung der fundamentalen und der staatlichen Wirtschaftsgesetze, die in dieser Boomphase erarbeitet wurden, war von einer Begrenzung oder gar Begrenztheit natürlich in keiner Weise die Rede. Alle Quellen sprudelten und ein Ende der Nachfrage war nicht in Sicht. Folglich blieben bei der Formulierung und Umsetzung der Marktregeln bestimmte Bedingungen unberücksichtigt, die erst später an Bedeutung gewannen.

Die Wirtschaft des imperialen Zeitalters wuchs und wuchs und wenn es keinen Ersten und keinen Zweiten Weltkrieg gegeben hätte, könnten wir heute davon noch mehr profitieren. Nebenbei wurde die Bevölkerungsstruktur ziemlich fundamental umgekrempelt. Die alte Großfamilie wurde in die Kernfamilie auf gespalten. Der Mensch wurde seit 1900 mit der Einführung des BGB ab Geburt zur Rechtsperson, damit direkt zum selbstständigen Glied des Staates. Damit wurde der Nationalstaat zum Ersatz für die Großfamilie. Das Individuum war entstanden und es konnte frei von allen Bindungen dorthin ziehen, wo es gerade Arbeit gab. Nein, ganz frei war es noch nicht. Es gab noch die Kleinfamilie, also ein Mann, eine Frau und Kinder. Dies galt für weite Kreise der Bevölkerung in den Städten. Das neue Bürgertum, der Adel und die Landbevölkerung widerstanden der Vereinzelung noch eine Weile, indem es die Strukturen des Feudalismus für den privaten Bereich weiter beibehielt.

Mit der Auflösung der Familie und dem Eintritt in die freie Wirtschaft, in der nicht mehr Stände und Zünfte, sondern Angebot und Nachfrage das Gesetz des Marktes bestimmten, gingen auch die Aufgaben der Familien zur Fürsorge und Pflege ihrer Mitglieder auf die Allgemeinheit über. Dies dokumentieren die so genannten

Sozialgesetze. Die Pflege von Kranken und die Versorgung der Alten gingen schrittweise auf den Staat über. Die Produktion wurde weitgehend von allen Aufgaben entlastet, die nicht direkt mit der Herstellung, dem Handel und der Finanzierung einhergingen. Der Staat übernahm die Aufgabe, alle Bereiche des Lebens zu organisieren, die für eine effektive Volkswirtschaft erforderlich waren. Er übernahm somit nach und nach alle Bereiche, die zur Sicherung der Reproduktion dienen. Dazu gehörten zuerst die schon genannten Bereiche Gesundheitswesen und Altersvorsorge. Dazu kamen die Arbeitslosenversicherung, der Ausbau der Verkehrswege, der Ausbau der Judikative und der exekutiven Verwaltungsbürokratie, der Aufbau des Schulwesens und der Hochschulen. Er sicherte die Verfügbarkeit von Rohstoffen ab und verfolgte eine Außenpolitik im Sinne der heimischen Wirtschaft.

Die mit der Übernahme dieser Pflichten entstehenden Kosten deckte er mit stetig steigenden Steuereinnahmen. Aus verschiedenen Gründen veränderten sich die Rahmenbedingungen des Wirtschaftskreislaufes im Laufe der weiteren Entwicklung von der Industrialisierung bis zur modernen Konsumgesellschaft. Zum einen erlebte die Bevölkerung der Industriestaaten, wie sich die alten Strukturen der Beziehungen innerhalb der Familie und untereinander änderten. Zum anderen stellte der technische Fortschritt neue Formen der Kommunikation und der Mobilität her, die tief greifende Änderungen im Verhalten bewirkten. Die Struktur- Veränderung bewirkte aber auch eine Verschiebung der Lasten aus Sorge und Fürsorge von den Familienmitgliedern auf die Gemeinschaft. Während die Leistungen der sozialen Pflichten vorher im privaten Bereich mehr oder weniger kostengünstig und effizient erbracht wurden, belasten die staatlichen Sozialsysteme die öffentlichen Kassen in immer größerem Maße, ohne dass ein Ende dieser Entwicklung in Sicht ist.

Ebenso nimmt die Zahl der Kinder stetig ab, da mit der neuen Struktur auch ein Wertewandel und eine ungerechte Lastenverteilung im Hinblick auf die Rolle von Vätern und Müttern ein hergeht. Aber nicht nur im privaten Bereich treten Schwächen der Ökonomie des klassischen bürgerlichen Wirtschafts- und Staatssystems auf. Auch in anderen Bereichen der Reproduktion kommt es zu Engpässen. So sind die Wiederherstellung einer intakten Natur, der Abbau von Verbrennungsprodukten in der Atmosphäre und das Funktionieren der sozialen Systeme in den globalen Märkten ein virulentes Problem, das mehr und mehr das System als solches in Frage stellt. Hinz kommt, dass die Wachstumstheorie der klassischen Ökonomie im gesättigten Markt der entwickelten Regionen an ihre Grenzen stößt. In den weniger entwickelten aufstrebenden Ländern gibt es zudem massive Defizite im Bereich Umweltschutz und Nachhaltigkeit.

Eine besondere Zuspitzung der Lage ist aber erst durch die Krisen an den Finanzmärkten eingetreten, die seit den Achtzigern in immer kürzeren Abständen wie Fieberschübe die Weltwirtschaft heimsuchten. Dies hängt mit der Globalisierung der Produktion und der Loslösung der Finanzmärkte von der realen Wirtschaft zusammen. Hinzu kommt das Ungleichgewicht der Wertschöpfung in der Wertschöpfungskette zwischen der Produktion und der Reproduktion. Erstere erhält die Gewinne der Wertschöpfung, letztere trägt deren Kosten. Daraus resultiert die Verarmung großer Bevölkerungsschichten, von denen die Kosten der Reproduktion getragen werden müssen und die übermäßige Bereicherung kleiner Bevölkerungsschichten, die von den Kosten der Reproduktion befreit, mehr Gewinne aus der Produktion einstreichen können, als sie jemals sinnvoll ausgeben können.

Das derzeitige Wirtschaftssystem zerstört die Solidarität und den Zusammenhalt der Gesellschaft, die natürlichen Ressourcen, und vernichtet das Vermögen des Gattungswesens Mensch für etliche Generationen und führt uns in eine neues Mittelalter, schlimmstenfalls in die Endzeit. Daher muss die alte Ökonomie durch eine bessere neue ersetzt werden und dazu möchte ich folgende Vorschläge machen.

Energiewirtschaft

Der Bereich, in dem sich eine Erweiterung der Wertschöpfung am ehesten bewerkstelligen lässt, ist die Energiewirtschaft. Sie ist einfach und transparent. Die reproduktiven Bereiche des Abbaus von Kohlendioxid und der Produktion von Sauerstoff sind eine messbare und damit leicht zu bewertende Größe. Für die Verbrennung ist neben dem so genannten Brennstoff unbedingt auch Sauerstoff erforderlich. Der Sauerstoff ist Bestandteil der Atmosphäre und da diese niemandem gehört und nach der alten Ökonomie in unendlicher Menge vorkommt, kostenlos. Ebenso verhält es sich mit dem Verbrennungsprodukt, das neben Wasser aus Kohlendioxid und anderen Oxiden besteht.

Man ging in der alten Ökonomie davon aus, dass die Aufnahmefähigkeit des Biotops Erde niemals überschritten würde. Inzwischen vermutet man, dass Sauerstoff und Kohlendioxid in direkter Relation zu den fossilen Brennstoffen vorkommen. Die

Menge des Sauerstoffs entspricht chemisch genau der Menge des in Brennstoffen gebundenen Kohlenstoffs. Würden alle fossilen Brennstoffe verbrannt, gäbe es außer in biologischen Systemen und im Wasser keinen Sauerstoff mehr. Die Fähigkeit der Natur durch Assimilation Sauerstoff frei zu setzten, kann den derzeitigen Verbrauch nicht ersetzten. Neben diesen physikalischen Tatsachen, die eine Lösung erfordern, gibt es natürlich auch die ganz praktischen Fragen der Ökonomie, nämlich die, wohin das Geld aus der Wertschöpfung in der Energiewirtschaft eigentlich fließt.

Die Einbeziehung der Reproduktion in der Energiewirtschaft beinhaltet logischerweise die Beteiligung der Sauerstoffproduzenten Wald und Meer an der Wertschöpfung. Und zwar in der Form, dass pro verbrannter Einheit Brennstoff der beteiligte Sauerstoff einen Anteil am Erlös erhält. Genauso verhält es sich mit der Reduktion. Beides zusammen entspricht einem wirtschaftlichen Wert, der in dem Gesetz der Wirtschaft verankert werden muss. Die Höhe des angemessenen Anteils ist im Prinzip einfach zu berechnen.

Es dürfte jedem schnell klar werden, dass wenn für jeden Hektar Wald, Urwald oder Meeresfläche ein bestimmter Betrag in Geld regelmäßig dafür gegeben wird, dass Sauerstoff produziert und Kohlendioxid abgebaut wird, dass dann der Wert dieser Flächen stark steigt. Raubbau und Rodung führen dann zum Verlust dieser Einnahmen. Folglich wird der Wald, insbesondere der großflächige Urwald, geschützt und seine Bewohner, Mensch und Tier, erhalten eine Lebensperspektive.

Neben diesem direkten Effekt der Stabilisierung des Waldbestandes gibt es indirekte Wirkungen. Der lokale Arbeitsmarkt im Bereich von Wäldern wächst. Durch den Zufluss von Kapital in die Waldregionen entstehen stabile Lebensverhältnisse für die lokale Bevölkerung. Nicht der Abbau von Holz sondern dessen Kultivierung schafft Einkommen. Die Menschen können auf einer stabilen Basis in ihrer gewohnten Lebensweise weiter existieren.

Es entsteht ein neuer Markt für Wald. Anteile an Waldbesitz bringen eine feste jährliche Rendite aus dem Anteil an der Energieerzeugung. So wächst das Bruttosozialprodukt und es wird Kapital in erheblichem Umfang gebildet, für das der Wald- und Grundbesitz als Sicherheit dient. Zum Beispiel können Waldaktien mit einer verbindlichen Rendite gezeichnet werden, wo für jeden Hektar ein bestimmter Betrag eingeht. Die Aufwertung von Wald würde im Fall von 50 € pro Hektar weltweit 5 Billionen (5.000 MRD) € betragen. Das mag wenig erscheinen angesichts der Schulden von Staaten wie den USA. Aber in den ländlichen Regionen der drei Welten ist das eine ungeheuer wirksamer Betrag. In der BRD entspricht diesem Modell der Kapitalwert von 30 MRD €. Immerhin käme die Hälft direkt in die Kassen von Bund, Ländern und Kommunen. Dieser Kapitalzufluss entspricht einer Kreditaufnahme, da der zusätzliche Kapitalwert von Wald durch Abgaben aus den Einnahmen der Energiesteuern von ca. 1,5 MRD € jährlich erzeugt wird.

Dies ist ein Beispiel für die Einbeziehung der Reproduktion in die Wertschöpfungsquote. Es ist völlig klar, dass die Erhöhung des BSP zu deutlich höheren Steuereinnahmen führt. Denn die Einbeziehung erweitert die Besteuerungsrundlagen der Gesamtwirtschaft allein durch die Zuführung von frischem Kapital. Natürlich ist dazu eine Änderung der Gesetze notwendig, also eine Aufgabe des Gesetzgebers. Es ist außerdem klar, dass die Finanzwirtschaft ein solches Produkt mit Kusshand annimmt. Eine sichere Rendite, die grundbuchlich abgesichert ist, kann eine stabile Stütze der schwankenden Märkte werden.

Gesundheit

Andere Bereiche der Reproduktion sind schwerer in den Wirtschaftskreislauf einzubeziehen. Man stelle sich nur die Frage, wie man das Gesundheitswesen an den wirtschaftlichen Erfolg knüpfen kann.

Die Gesundheit ist ein Eckpfeiler der staatlichen Reproduktionspolitik Bismarck'scher Prägung. Sie ist tief verankert im obrigkeitsstaatlichen Sozialsystem der preußischen Nationalökonomie. Unter dem Gedanken der Übernahme der Fürsorge für Kranke zur Entlastung der arbeitenden Klasse funktionierte dieses System in den Zeiten der Industrialisierung und des so genannten Wirtschaftwunders. Dies war ein notwendiger Schritt der Modernisierung des Staates, der zum Großteil in der Auflösung feudaler Strukturen bestand. Es war auch eine sinnvolle Übernahme durch den Staat, weil Gesundheit nicht individuell einem bestimmten Wirtschaftszweig zugeordnet werden kann, wie etwa der Energieverbrauch. Zweifellos ist die Entlastung der Wirtschaft und der Bürger von der Krankenfürsorge nach dem Ende der Industrialisierung jedoch zu einer großen finanziellen Belastung geworden, die deren Sinn konterkariert, da die zusätzliche Arbeit zur Erwirtschaftung der Gesundheitsfürsorge der Gesundheit mehr schadet, als sie auf der anderen Seite nützt.

Dies liegt daran, dass sich viele systemfremde Leistungen eingeschlichen haben und dass neue gesellschaftliche Strukturen im Gesundheitswesen nicht mehr abgebildet sind. Würde man einerseits die Leistung auf die ursprüngliche Palette der sozialen Absicherung von Arbeitern und Angestellten und derer Familien bei Krankheit zurückschrauben und andererseits die neuen Verhältnisse sinnvoll einbeziehen, käme man zu viel geringern Kosten. Alle fremden Leistungen wie PKW-Unfälle, Sportunfälle, Urlaubserkrankungen, Fettsucht, Alkoholkonsum und Rauchen von Arbeitslosen haben mit dem Gesundheitswesen klassischer Prägung nichts zu tun. Gleichwohl können alle Bürger versichert bleiben, jedoch nicht im staatlichen Gesundheitssystem, sondern in Versicherungen, die beim Kauf oder bei der Benutzung entsprechender, die Gesundheit gefährdender Produkte abgeschlossen, bzw. bezahlt werden.

Sozialstaat

Keine Position im Bundeshaushalt schlägt stärker zu Buche als die Sozialleistungen. Für deren Kosten muss sich der Staat verschulden, andere wichtige Aufgaben vernachlässigen und die Wirtschaft mit Abgaben belasten. Die betroffenen Menschen geraten leicht in Abhängigkeit und können sich aus dem Unterstützungssystem nicht mehr aus eigener Kraft befreien. Sie leiden fast immer unter der Situation. Das bestehende Wirtschafsystem ist nicht in der Lage, an dieser Situation etwas zu ändern, da es nicht nach dem Bedürfnis der Bürger ausgerichtet ist und weil Arbeit zu teuer geworden ist. Die Administration verwaltet diese chronische Arbeitslosigkeit nur und bietet keinen Ausweg an, wie die Betroffenen wieder auf eigenen Beinen stehen können. Das geht so lange gut, wie genug Geld da ist, um die Transferleistungen zu bezahlen. Ohne Geld ist das System sofort am Ende. Unruhen und millionenfache Notlagen sind vorprogrammiert. Der Rückzugsraum Familie existiert, zumindest bei den deutschen Betroffenen, nicht.

Woher kommen diese vielen Millionen Empfänger von staatlicher Unterstützung eigentlich? Nun, es sind bildlich gesprochen diejenigen, die zu Beginn der Industrialisierung vom Land in die Stadt gezogen sind, Bauern zumeist, Handwerker, Fischer, Waldarbeiter. Wenn es also für Industrie und Dienstleistungen in der Stadt nicht genug Nachfrage an Arbeitskräften gibt oder sich das Angebot nicht mit der

Nachfrage deckt, wie können sich diese Leute dann einmal wieder selbst versorgen? Wie können diejenigen, für die es keine arbeitsteilige Beschäftigung gibt, wieder auf eigenen Füssen stehen? Die Antwort ist einfach und schwierig zugleich. Sie müssen zurück an die Basis jeder Zivilisation, dahin wo die Nahrung und der Alltagsbedarf durch eigene Kraft immer und nie einfacher als heute gedeckt werden kann, auf das Land.

Arbeit im Achtstundenrhythmus in einer teuren und abweisenden Großstadt ist kein Privileg, es ist ein Chance schnell Geld zu verdienen. Aber dann gewöhnen sich die Leute daran und müssen bleiben, weil sie sich an den Konsum gewöhnt haben. Und viele haben es als Lebenssinn verinnerlicht, zu arbeiten und irgendwie vielleicht Karriere zu machen.

Doch diese Art Arbeit ist artfremd. Sie ist anerzogen, aber sie bietet keine Erfüllung. Es ist Arbeit um der Arbeit willen, ein Schuften bis ins Grab aber kein würdiges Dasein. Es ist ein Leben dritter Klasse. Daher brauchen die, die nicht einmal dafür noch gebraucht werden, nicht auch noch in den Städten auf Staatskosten darauf zu warten, dass sie irgendwann ein Staatsbegräbnis bekommen. Die Verfestigung der Abhängigkeit von der Stütze darf nicht alternativlos sein.

Daher ist jedem, der über eine gewisse Frist keine Beschäftigung mehr findet, eine Chance auf den Ausstieg zu geben. Er bekommt ein Stück Staatsland, Baumaterial für ein Haus und die Grundausstattung für eine landwirtschaftliche Selbstversorgung, sowie eine entsprechende Ausbildung. Dafür werden dünn besiedelte Landstriche parzelliert, erschlossen und verteilt. Wer es schafft, kann das Haus, das Feld und ein Stückchen Wald am Ende behalten. Er kostet dann die öffentliche Hand nichts mehr. Sicher machen das nicht alle. Aber einige werden den Anfang machen und dann machen es immer mehr und für die, die übrig bleiben, ergeben sich andere Möglichkeiten.

Zudem werden in solchen neuen Dörfern auch Handwerker, Metzger, Tischler, Bauleute, Lehrer, Mechaniker, Hilfskräfte, Ärzte, Kaufleute, Kraftfahrer und viele andere mehr benötigt. Die neuen Siedler können sich auf bestimmte Produkte spezialisieren und damit Handel treiben. Das Leben auf dem Land ist preiswert und gesund. Für die Kinder ist es ein Segen. Es wird eine neue Infrastruktur entstehen, die sich selbst trägt. Die öffentlichen Haushalte werden entlastet und können sich erholen. Es ist wieder Geld da für Schulen, Wissenschaft, Forschung, Militär, Infrastruktur und die Steuern können auch endlich gesenkt werden.

Die Bewältigung der Krise am Finanzmarkt

Niemand, weder aus der Politik noch aus der Wissenschaft, kann heute wirklich sagen, welche Gesetze erforderlich sind, um die Finanzmärkte so zu steuern, dass sie nicht mehr in eine Krise geraten. Scheinbar ist es so, dass an vielen Stellen geflickt werden muss, damit der Kessel nicht in die Luft fliegt. Tatsächlich ist es so, dass der Finanzmarkt durch die moderne elektronische Kommunikationstechnik eine derartige Transparenz erhalten hat, dass er viel dynamischer reagiert als zu der Zeit des Zurufens von Angeboten und Nachfragen durch menschliche Händler.

Der Handel mit Finanzprodukten, Währungen und Anteilscheinen hat sich zu einem eigenständigen und großteils von der so genannten realen Wirtschaft unabhängigen Markt entwickelt. Er ist über die Tauschwertfunktion des Geldes mit den Volkswirtschaften eng verbunden. Die Volkswirtschaften agieren in der Regel aber im Jahresrhythmus. Bilanzen, Steuern und Aktionärsversammlungen werden jährlich erstellt, bezahlt und abgehalten. Es gibt dafür den altertümlichen Begriff des Wirtschaftsjahres. Der Finanzmarkt agiert dagegen täglich, ja sogar im Sekundentakt. Beide Märkte bedienen sich aber desselben Mediums, um den Tauschwert ihrer Produkte zu realisieren, dem Geld, das in den Währungen einzelner Staaten oder Wirtschaftsräume ausgegeben wurde.

Da aber beide Märkte unterschiedliche Gesetze haben und nur so viel miteinander zu tun haben, dass man die Erlöse aus dem einen Prozess im anderen tauschen darf, da man sich einer konvertibeln Währung, die von den Volkswirtschaften zur Verfügung gestellt wird, damit Eigentum des Volkes ist, bedient. Will man also die Volkswirtschaften vor den Ausschlägen der Finanzmärkte schützen, muss man eine neue Währung nur für die Finanzmärkte schaffen.

Die Finanzmärkte können so unabhängig agieren und ohne große Schwankungen arbeiten. Die Akteure treten mit einer einheitlichen, praktisch globalen Währung auf, die sie nur bei Bedarf in die Währungen von Staaten tauschen. Die Rolle von Leitwährungen wird so nach und nach von einer globalen Währung übernommen. Die nationalen Haushalte können frei nach eigenen Bedürfnissen agieren, da sie unabhängig von den Finanzmärkten sind und nur so viele Devisen zur Verfügung stellen müssen, wie sie an realen Werten produzieren oder an Vermögen verfügen können.

Man könnte sagen, das haben wir schon, da die Finanzmärkte im Tausch der Währungen eine abstrakte Größe, den Tauschwert, ermitteln. Der hängt von der

Nachfrage ab, der sich aus dem Produkt der Bonität und Verzinsung ergibt. Allerdings bindet diese Methode der Staatsanleihe oder der Bezahlung in der jeweiligen Währung den Wertschöpfungsprozess des Kapitals an die Werthaltigkeit der jeweiligen Volkswirtschaft. So wie früher der Wert einer Währung an das Gold geknüpft war. Beides hat einen großen Nachteil. Es begrenzt den Kapitalmarkt durch die Leistungsfähigkeit der Wirtschaft und gefährdet diese umgekehrt im Falle einer Krise, wie gehabt.

Dagegen ist eine eigene Währung für den Finanzmarkt selbst den Gesetzten des Marktes unterworfen. Läuft es am Kapitalmarkt gut, werden viele nationale Marktteilnehmer aus der realen Wirtschaft ihre Devisen in die Finanzwährung tauschen, damit neues Kapital entsteht. Die eigene Währung bleibt stabil oder wird etwas billiger. Erfolgreiche Volkswirtschaften, wie die Schweiz, haben dann nicht mehr so sehr das Problem eines steigenden Wertes ihrer Währung. Werden Gewinne am Finanzmarkt angelegt, wird zuvor die eigene Währung ausgetauscht. Sie verliert daher etwas an Wert. Wird später, wenn Geld gebraucht wird, zurückgetauscht, steigt der Wert der eigenen Währung entsprechend. Der globale Finanzmarkt gleicht so regionale Schwankungen aus.

Der Finanzmarkt wird durch eine eigne Währung unabhängig von Regierungen und Notenbanken. Er korrespondiert nur noch über den Handel. Auch einzelne Länder sind unabhängiger. Läuft es am Kapitalmarkt einmal nicht so gut, sind die nationalen Währungen nicht so stark betroffen. Da die Geldmengen der nationalen Währungen um den Teil geringer sein können, wie er durch die globale Finanzwährung, man könnte sie Mondial nennen, ersetzt wird, fallen die Schwankungen durch Spekulation oder Überschuldung geringer aus. Die geringere Geldmenge ist leichter im Gleichgewicht zur Wirtschaftskraft eines Währungsraumes zu halten, da ihre Masse nur im Verhältnis dazu gehalten werden muss und nicht ständig an die Bedürfnisse des Finanzmarktes anzupassen ist.